XXL-Erfolg

in der Schule

Leitfaden für maximalen Erfolg

© Oliver Beck 2016

Hinweis:

Copyright: Der folgende Ratgeber ist das Ergebnis langjähriger Erfahrungen und dient der Verbesserung deiner schulischen Situation. Du wirst erfahren, dass nur eine einzige Person über deinen Erfolg entscheidet: Du.

Die genannten Tipps und Methoden sind effektiv, eine Erfolgsgarantie kann jedoch aus der eben genannten Tatsache nicht gegeben werden.

Dieses Buch ist und bleibt geistiges Eigentum des Autors. Vervielfältigung (auch auszugsweise) oder Weiterverkauf sind nicht gestattet und werden rechtlich verfolgt.

© 2016

Herstellung und Verlag: BoD – Books on Demand, Norderstedt.
ISBN: 9783741279546

Inhalt:

Einleitung   S. 1

Schritt 1:
Analysiere die Situation – welche Gründe gibt es für Misserfolg?   S. 4

Bin ich einfach zu dumm ? NEIN, denn...   S. 8

Schritt 2:
Gewinne an Selbstvertrauen – wer bist du, was kannst du ?   S.11

Schritt 3:
Sorge für die richtige Motivation !   S.18

Schritt 4:
Fülle deine Wissenslücken mit WWW   S. 21

Schritt 5:
Wenn's gar nicht klappen will, was dann ??   S.27

Schritt 6:
Du trittst immer noch auf der Schnelle? Bleib dran!   S.31

Einleitung

Hallo und herzlich willkommen !
Vielen Dank dass du dich für mein E-book entschieden hast.
Was erwartet dich auf den folgenden Seiten ?

Nun ich möchte dir zunächst ein bisschen über mich erzählen und dir erklären, was ich mir bei dem Buch gedacht habe und wie du es verwenden kannst, um den maximalen, den XXL-Erfolg in der Schule zu erreichen.

Ich bin seit nun 10 Jahren im Lehrberuf tätig. Ich bin Diplom-Pädagoge und erfolgreicher Nachhilfelehrer. In diesen 10 Jahren habe ich selbst so einiges gelernt und erkannt, dass die meisten Schüler, die im Moment Probleme in der Schule haben, so einige Dinge gemeinsam haben.

Die Gründe für schulischen Misserfolg können zwar vielfältig sein, jedoch ist eines ganz klar:
Schlechte Noten machen keinen Spaß ! Sie sorgen nur für Stress mit den Eltern und für eine schlechte Stimmung.

Wenn der Erfolg ausbleibt, hat man schon sehr bald keinen Spaß mehr an der ganzen Schule. Schule ist ohnehin schon doof und anstrengend.

Du wunderst dich vielleicht, dass ich als ausgebildeter Lehrer das so sage. Aber es ist nun einmal die Wahrheit. Schule ist Pflicht. Man muss dorthin. Lernen soll man auch etwas. Und Hausaufgaben sind ein ganz eigenes Thema für sich, sie können einem den ganzen Nachmittag ruinieren. Anstehende Klassenarbeiten werden von den Lehrern zudem oft wie Strafen angekündigt.

Denke einmal selbst darüber nach: Wie oft hast du den Lehrer oder die Lehrerin schon diesen Satz sagen hören: „Also Kinder, nächste Woche ist die Klassenarbeit, da könnt ihr alle zeigen, was ich euch beigebracht habe. Denkt an meine Tipps und an das, was wir gelernt haben, dann schafft ihr das! Ich glaube an euch!"

Ich bezweifle nicht, dass der eine oder andere Lehrer das schon einmal so oder so ähnlich gesagt hat, aber ich glaube, das kommt eher selten vor.

Viel öfter wirst du vermutlich solche Worte gehört haben: „So Leute, ihr wisst, nächste Woche ist die Arbeit. Haltet euch ran und lernt den Stoff nochmal gründlich! So wie sich der eine oder andere hier beteiligt hat, sehe ich schwarz! Ich kann euch garantieren, dass ihr mit der Einstellung nicht weiterkommt. Ich bin ja schon auf den Durchschnitt gespannt und auf den nächsten Elternabend."

Wenn du diese Sätze liest, merkst du vielleicht schon, worauf ich in diesem Buch hinaus will. Der XXL Erfolg hängt viel mit Emotionen und Gefühlen zusammen, die Schlüssel zum Erfolg sind Motivation, Zielstrebigkeit und die richtige Methode.
Wie du diese Schlüssel bekommst, erfährst du in diesem Buch.

In 6 Schritten erkläre ich dir, worauf es ankommt und gebe dir zahlreiche Tipps und Anregungen, damit du schon bald wieder gute Noten und damit auch wieder Lust an der Schule hast.

Bleib dran und lies genau mit, es wird spannend !!

Schritt 1: Analysiere deine Situation – welche Gründe gibt es für Misserfolg ?

Der erste Schritt ist meist der schwierigste, denn er erfordert unter anderem ein gewisses Maß an Ehrlichkeit – und zwar dir selbst gegenüber.
Wie bei einem Bild, das gemalt wird, ist auch hier der erste Strich am schwersten. Man stellt sich die Frage: Wo fange ich an ?

Wenn du auf die oben gestellte Frage antworten musst, welche Gründe es für deinen persönlichen Misserfolg gibt, so stelle ich mir das sehr schwer vor. Entweder fällt einem spontan nichts ein, oder man findet spontan mindestens 10 Gründe, die aber nichts mit einem selbst zu tun haben.

Ich nenne mal die meistgenannten Gründe meiner Nachhilfeschüler:

1. Lehrer ist doof und erklärt es nicht richtig
2. Habe zur Zeit andere Probleme als Schule
3. Ich habe die Schule gewechselt und hier ist jetzt alles anders
4. Ich habe so viele andere Sachen zu tun und hab keine Zeit für Lernen
5. Ich glaube, ich bin einfach zu doof für den Stoff

Jeder der genannten Gründe ist nachvollziehbar und kann durchaus zutreffen. Die Gründe für schulischen Misserfolg können in den unterschiedlichsten Bereichen liegen: Ärger im Elternhaus, Probleme im Freundeskreis, Stress, Liebeskummer, Umzug und dadurch Schulwechsel oder einfach ein Lehrer, mit dem man nicht klar kommt und bei dem man nichts versteht. All das ist möglich. Ebenso ist es aber auch möglich, dass man gerade ein neues Computerspiel durch zocken möchte und andere Dinge interessanter sind als Mathe oder Englisch. Auch kann es sein, dass man einfach faul ist. Welcher der Gründe nun bei dir zutrifft, kannst du selbst am besten beantworten. Sei aber ehrlich bei deiner Antwort, wenn man sich selbst belügt, bringt das nichts.

Hast du nachgedacht?
Hast du einen oder mehrere Gründe für deinen Misserfolg gefunden ?

Dann schreibe diesen Grund nun bitte auf ein Stück Papier.

Hast du deinen Grund oder deine Gründe aufgeschrieben ?

Gut, dann nimm das Papier und lege es beiseite !!

Denn hier kommt schon der erste Schlüssel zum XXL Erfolg:

<u>Denk nicht zu sehr über die Gründe nach. Es gibt sie und die Situation ist nun mal so wie sie ist.</u>
<u>Suche lieber nach Lösungen, als dich mit deinen Problemen zu beschäftigen.</u>

Klar ist es auch wichtig zu wissen, warum man gerade Probleme hat und man sollte auch nicht so tun, als gäbe es keine Probleme.
Die wichtigere Frage ist doch aber: Was tust du jetzt? Wie kannst du deine Probleme lösen?
Probleme hat jeder einmal und jeder kann die Probleme auch lösen.

Und wenn ich sage, <u>jeder</u> kann Probleme lösen, dann meine ich das auch tatsächlich so.
Ich gebe dir an dieser Stelle einmal ein gutes Beispiel, das ich mal gehört habe:

Ein Baby ist aus dem Laufstall ausgebüchst, weil es auf dem Tisch einen leckeren Apfel entdeckt hat. Es will den Apfel unbedingt haben, also zieht es sich mit aller Kraft am Tisch hoch. Es greift nach der Obstschale, ist aber zu klein, um den leckeren Apfel zu erreichen. Die Arme sind zu kurz. Das Erfolgserlebnis (Apfel essen) scheitert an den körperlichen Voraussetzungen. Was macht nun das Baby ?
Sitzt es auf dem Boden und jammert: Oh nein, ich komm nicht an den Apfel, ich werde hier verhungern!

Ich hab doch alles versucht, hab mich mit aller Kraft aufgerichtet und jetzt steh ich trotzdem mit leeren Händen da!
Verzweifelt unser Baby?
Nein! Es überlegt stattdessen, wie es trotz seines offensichtlichen und unüberwindbaren Problems an sein Ziel kommen kann.
Am einfachsten wäre natürlich, die Mama zu rufen und sie um den Apfel zu bitten. Aber mit Sprache ist's noch nicht so weit her. Also macht das Baby das, was es kann: es schreit.
Und siehe da, schon kommt die Mama und das Ziel ist erreicht.
Es bekommt den leckeren Apfel, beißt herzhaft hinein und merkt dann: Oh sch.... ich hab ja noch keine Zähne! Aber ein kleiner Blick zu Mama reicht, die versteht es. Schon flitzt sie in die Küche, das Baby hört den Mixer und bald darauf gibt es leckeres Apfelmus.

<u>Das Baby hat also nicht lange darüber nachgedacht, warum es den Apfel nicht bekommt, sondern hat nach einer Lösung für das Problem gesucht und diese auch relativ bald gefunden. Es hat sich nicht mit seinem Problem abgefunden, sondern überlegt, wie es zum Ziel kommt.</u>

Diese Einstellung nennt man NIPSILD. Das steht für „Nicht in Problemen, sondern in Lösungen denken". Mir persönlich hat diese Denkweise immer geholfen, es ist eine Art von Motivation. Es soll dir zeigen, dass es immer eine Lösung für ein Problem gibt.

Den Spruch „Never give up" hast du vielleicht schon gehört.
Genau dafür steht NIPSILD.
Es kommt im Leben darauf an, sich durch durch zu beißen, zu kämpfen und nie aufzugeben. Man muss seine Konzentration dabei immer auf das Positive, auf die Lösung richten.
Der Amerikaner Andy Gilbert formulierte es einmal so: „Wenn du nach Problemen suchst, wirst du Probleme finden. Wenn du nach Lösungen suchst, wirst du Lösungen finden".

Und genau darum geht es in meinem kleinen Ratgeber hier.
<u>Ich möchte, dass du selbst Lösungen für dein Problem suchst und auch Lösungen findest.</u>

Bin ich einfach zu dumm?

Manche Schüler haben mir auf die Frage woran es denn liegt, dass die Noten aktuell schlecht sind, geantwortet: „Wissen Sie, ich glaub einfach, ich bin zu doof für das alles. Ich kapier nichts, obwohl ich mich anstrenge und lerne. Ich kann machen, was ich will, das Ergebnis ist immer eine Fünf."

Kommt dir diese Aussage bekannt vor?
Hast du auch manchmal das Gefühl, es bewegt sich nichts, egal was du tust?

Nun, ich will nicht bestreiten, dass mangelnde Intelligenz nicht auch ein Faktor für schlechte Noten sein kann. Und für Intelligenz kann man erst einmal nichts, entweder hat man die Gene und eine entsprechende Begabung oder nicht. Ich hatte früher auch Klassenkameraden, die fast nie gelernt haben und spielerisch Einsen oder Zweien geschrieben haben. Die hatten es halt irgendwie einfach drauf. Andere mussten lange lernen, damit der Stoff endlich saß und hatten nicht so gute Noten.

<u>Doch schulischen Misserfolg einfach auf fehlende Intelligenz abzuschieben, ist zu kurz gegriffen.</u>

Laut einem Forschungsprojekt der FU Berlin erklärt sich Schulerfolg nur zu ca. 40 % durch Intelligenz, andere Faktoren sind auch Motivation (30%), Unterrichtsqualität (20%) und anderen Faktoren wie soziales Klima, Klassengemeinschaft, körperliche und gefühlsmäßige Verfassung (10%).

Du siehst also, dass Schulerfolg durch verschiedene Faktoren beeinflusst wird, wie ich bereits am Anfang geschildert habe. Nur zu 40% wird Schulerfolg durch die Intelligenz beeinflusst.
Deinen XXL Erfolg kannst du also zu mindestens 60% immer noch selbst beeinflussen.

Darum wollen wir nun gemeinsam mal schauen, was man tun kann, wenn die Stimmung gerade am Boden ist, wenn man schlechte Noten und dadurch bedingt auch Stress und Frust hat.

Denke in Lösungen heißt es. Ein schlauer Satz, oder? Aber wie stellt man es an, was muss man tun, wenn es grad mal so gar nicht läuft, wenn die Stimmung im Keller ist und die Motivation bei null?

Das zeige ich dir in den nächsten Schritten.

Schritt 2: Gewinne an Selbstvertrauen – wer bist du, was kannst du ?

Eines ist klar: Schlechte Noten sind schlecht für das Selbstbewusstsein. Man fühlt sich als Versager, wird als „dumm" oder „einfach nur faul" dargestellt und bekommt in der Regel Ärger mit den Eltern. Die sind je nach Lage mittlerweile genauso verzweifelt. Sätze wie: „Was sollen wir nur mit dir anfangen" oder „Was glaubst du, wie es wohl weitergeht, was soll nur aus dir werden" kennt sicher jeder, der einmal ein schlechtes Zeugnis oder eine schlechte Arbeit nach Hause gebracht hat.

Hier prallen zwei Welten aufeinander. Die der Eltern, die eine Erwartungshaltung haben und mit mehr oder weniger Druck die guten Leistungen aus dir raus pressen wollen und du, der du dastehst und erst mal gar nicht weißt, wie du das überhaupt anstellen sollst.

Oft führen solche Situationen in einen richtigen Teufelskreislauf. Du nimmst dir zunächst vor, es nächstes Mal noch besser zu machen, du strengst dich doppelt an, du arbeitest und lernst bis tief in die Nacht und am nächsten Tag in der kleinen Pause vor der Arbeit schaust du nochmal alle Blätter an und versuchst, auch noch den letzten Wissenstropfen aufzusaugen.

Dann wird die Arbeit ausgeteilt, dein Herz pocht, du bist mega nervös. Und dann hast du plötzlich den berühmten und berüchtigten „Black Out".

Die Aufgaben kommen dir irgendwie chinesisch vor, du merkst, dass du irgendwie die falsche Seite gelernt hast, irgendwas in dieser Richtung passiert. Du wirst noch nervöser, du kannst nicht mehr richtig denken, du fängst an, irgendwas hin zu schreiben - das, was dir gerade in den Sinn kommt. Das Ergebnis ist dann fast schon vorhersehbar. Die Note ist wieder schlecht, der Lehrer ruft die Eltern an und bittet um ein Gespräch. Zu Hause kommt das natürlich nicht gut an, die Eltern reagieren mit Handy-Entzug, sperren das Internet usw. Und der Druck auf dich wächst und wächst...

Doch liegt es wirklich nur an dir?
Bist du, wie es einer meiner Schüler mal so schön formuliert hat „einfach zu blöd" ?

Du weißt schon, dass das nicht so ist. Intelligenz beeinflusst die Schulleistung ja nur zu 40%. zu 60% sind es andere Faktoren, allen voran Selbstvertrauen und Motivation.
Was dir in deiner Situation gerade am meisten fehlt ist die Gelassenheit und Sicherheit.

Mit Gelassenheit meine ich nun aber nicht den Schlendrian frei nach dem Motto: „Ach, wird schon werden..."
Ich meine mit Gelassenheit und Sicherheit das berühmte Selbstvertrauen.
Um Selbstvertrauen zu erreichen, musst du sicher sein.
Sicherheit kannst du wiederum erreichen, sobald du das Unterrichtsthema der nächsten Arbeit zu 100% verstanden hast. Wenn du in Mathematik 3 Aufgaben sicher und richtig löst, dann merkst du: „Hey, es klappt!" Und wenn es einmal klappt, dann musst du nur in den Angriffsmodus umschalten und dir sagen: „Verdammt noch mal, ich kann es doch! Ich zeig dem Lehrer in der nächsten Arbeit, dass ich nicht dumm und faul bin !!"

Dazu möchte ich wieder eine kleine Geschichte erzählen, die sich tatsächlich so zugetragen hat:

Ich hatte einmal einen Auftrag, einen Schüler vor der drohenden Fünf zu retten. Er hatte in den letzten beiden Arbeiten eine 5 und eine 5,5 geschrieben und stand satt auf der Fünf.
Entsprechend war seine Laune und sein Selbstvertrauen.

Er sagte den berühmten Satz: „Vergessen Sie es Herr Beck, schön dass Sie mir helfen wollen, aber ich bin zu blöd für den Scheiß."

Die Worte saßen und ich ließ das erst mal im Raum stehen. Nach einer Weile fragte ich, wann die nächste Arbeit geschrieben wird und über welches Thema. Das konnte er mir sagen, er kündigte den Arbeitstermin wie den eigenen Todestag an. Sinnigerweise war er im Kalender schwarz markiert.

Ich sagte: OK, dann heißt es ab sofort neues Spiel, neues Glück. Dass die letzten Arbeiten daneben gingen, das ist nun mal so und wir können es nicht ändern. Ich erkläre dir jetzt mal an einem Beispiel das neue Thema. Nach fünf Minuten fragte ich, ob er meinen Ausführungen folgen konnte und ob der Rechenweg logisch war. Er bejahte. Also gab ich ihm Stift und Blatt und sagte: „Schön, dann mach mal die Aufgabe B und rechne so, wie ich gerechnet habe."

Halbherzig nahm er den Stift und fing an zu rechnen. Als er fertig war, gab er mir einen Rotstift und sagte: „Hier bitte, ist alles falsch, viel Spaß beim Korrigieren."
Ich las die Aufgabe durch und bedankte mich für den Rotstift. Den brauchte ich nämlich, um den Haken unter die Aufgabe zu setzen. Ungläubig starrte er mich an: „Wie jetzt? War das richtig?"

Lachend antwortete ich: „Klar war das richtig, du hast ja so gerechnet, wie ich es dir gesagt habe."
Der Schüler war verdutzt.

Nach einer Weile sagte er: „Sagen Sie mal, ist das wirklich so einfach? Kann ich das nochmal versuchen?"
Ich antwortete:„Ja klar ist das einfach und natürlich machen wir weiter. Hier, mach die Aufgabe C".
Auch die löste er richtig. Er war baff.
Dann sagte er auf einmal: „Also ich weiß ja nicht, wie Sie das gemacht haben, aber ich glaube **ich hab das kapiert**."

Meine Antwort kam prompt: „Gut, du hast also das Thema verstanden. Du hast 2 Aufgaben richtig gelöst und bist sicher in der Lage, auch die anderen zu lösen.
Wenn du nun in der Arbeit alle Aufgaben richtig löst, welche Note bekommst du dann?"
Er schaute mich verwundert an:" Na, wenn alles richtig ist, bekomme ich eine 1."
Sofort streckte ich ihm meine Hand entgegen: „DEAL!"

Ungläubig schüttelte er zögerlich meine Hand und fragte: „Das meinen Sie jetzt aber nicht ernst, oder ?"
Natürlich meinte ich das ernst !!

Aber ich korrigierte dennoch die Prognose: „Also gut, einen oder zwei kleine Rechenfehler gestehe ich dir zu. Das Ergebnis wird dann halt Eins komma, aber definitiv besser als eine Zwei."

Er lächelte gequält: „Na, wenn Sie meinen...."

Vier Wochen später teilte mir der Schüler mit, dass es leider nicht geklappt hat mit dem gesteckten Ziel. Die Eins komma hatte er nicht geschafft.
Leicht enttäuscht fragte ich: „Was ist es denn geworden?"
Er lächelte und sagte: „Ich hab eine 2 minus. Aber hey, die Arbeit war auch wirklich lang, ich bin mit der letzten Aufgabe leider nicht fertig geworden. Dann hab ich da noch einen Leichtsinnsfehler, den hätte ich auch vermeiden können. Wenn ich das geschafft hätte, dann hätte ich 3 Punkte mehr und das wäre dann eine 1,8 gewesen."
„Schön", sagte ich und stellte ihm eine einfache Frage: „Kann es denn sein, dass du dich innerhalb der letzten 4 Wochen gerade um 3 Noten verbessert hast? Von einer Fünf auf eine Zwei?"
Ich merkte, wie es bei ihm ratterte: „Äh.....ja??"
Ich lachte: „Na dann, danke für das Gespräch!"

Nun, was sagt dir diese Geschichte? Die schlechten Noten, die der junge Mann geschrieben hatte, waren nicht zustande gekommen, weil er – wie er dachte – zu dumm war. Er war schlicht demotiviert und frustriert von den schlechten Noten und hatte kein Selbstvertrauen mehr.

Vielleicht habe ich ihm den neuen Stoff ja auch wirklich gut erklären können, aber meine Hauptarbeit lag vielmehr darin, den Schüler etwas zu pushen. Ihm zu zeigen, dass er eben nicht „zu dumm" ist, denn das sind die Wenigsten. Ich konnte ihn davon überzeugen, dass er es schaffen konnte und nannte ihm ein Ziel, auf das er arbeiten konnte. Ich brachte ihm durch viele Beispielaufgaben Sicherheit in dem, was er rechnet und wie er es rechnet. Dadurch hatte er keine Angst mehr vor der nächsten Arbeit und der Gedanke daran verursachte keinen Stress und keine negativen Gefühle. Er wusste ja, dass er es gelernt hatte und dass er es konnte und war dadurch sicher und gelassen. Ja, er freute sich schon fast auf die Arbeit, denn da konnte er nun endlich zeigen, dass er es doch drauf hatte.

<u>Dieser Wandel der Einstellung zur Schule ist ein wichtiger Schlüssel zum XXL Erfolg.</u>

Hab also keine Angst vor der nächsten Arbeit, sondern versuche, sie als Herausforderung zu sehen, als Chance, dem Lehrer zu zeigen, dass du ein guter Schüler bist.

Es liegt meistens nicht daran, dass du den Stoff nicht kapierst, sondern an anderen Dingen. Es ist wichtig, sich aus dem Teufelskreislauf zu befreien und die wichtigen Erfolgserlebnisse wieder zu erreichen. Wenn man plötzlich wieder eine Zwei schreibt, macht die Schule gleich viel mehr Spaß und auch die Eltern sind wieder stolz auf dich. Und ich auch....

Schritt 3: Sorge für die richtige Motivation !

So, jetzt nachdem du schon einiges gelesen hast und dir sicher den einen oder anderen Gedanken dazu gemacht hast, gehen wir mal ans Eingemachte.

Wie ich am Anfang beschrieben habe, wird der XXL Erfolg zu 30% von Motivation beeinflusst.
Das Problem an der Motivation ist nur, dass sie von dir aus kommen muss.
Wenn jemand sagt: „Motiviere mich mal bitte ein bisschen", dann muss ich immer dankend abwinken. Denn ich kann niemanden motivieren. Ich kann ihm nur gut zureden, ihm vielleicht schmeicheln, nette Worte sagen, die ihn aufbauen. Ich kann jemandem Honig um den Mund schmieren, ihn trösten und sagen, dass alles nicht so schlimm ist. Das tut zwar alles gut, aber es motiviert noch nicht. Zur Motivation gehört, wie der Name schon sagt, ein Motiv. Das ist lateinisch und bedeutet „Beweggrund", man kann es auch mit Ziel übersetzen. Und ein Ziel muss formuliert werden. Das Problem ist dabei, dass viele Menschen Ziele so formulieren, dass sie das Negative oft vermeiden wollen. Das ist der falsche Weg. „Ich will keine Fünf", ist ein schlecht formuliertes Ziel, denn dein Unterbewusstsein kann mit Worten wie „nicht" oder „keine" nichts anfangen.

Darum ist es wichtig, Ziele positiv zu formulieren. Ein besser formuliertes Ziel wäre „Ich will eine Zwei".
Vermeide also in deiner Zielformulierung die negative Fünf und formuliere lieber mit der positiven Zwei.

Sage nicht, was du nicht willst, sondern sage, was du willst.

Das reine Äußern des Wunsches reicht aber natürlich noch nicht aus. Denn Motiv bedeutet ja auch Beweggrund und da steckt wiederum ein für manche Menschen ziemlich unangenehmes Wort drin, nämlich das Verb „bewegen".

Das bedeutet, du musst etwas tun. Du musst dich bewegen. Eine Eins oder Zwei fällt nicht vom Himmel. Gute Lernleistungen bedeuten Anstrengung und du brauchst Disziplin.
Du musst, wie das Baby, eine Lösungsstrategie für dein Ziel finden. Das bedeutet, du solltest dir nicht nur wünschen, eine Zwei zu bekommen, sondern dir auch Gedanken dazu machen, wie du diese erreichen kannst, was dafür notwendig ist. Zur Not kannst du ja deinen Lehrer oder deine Lehrerin fragen, die kann dir gut erklären, welche Leistung sie von dir für eine Zwei erwartet. Und dann liegt es an dir, diese Erwartungen zu erfüllen.

Es gibt also ein Ziel und einen Plan, wie man dieses Ziel erreichen kann. Ohne Plan funktioniert nichts. Einfach drauf los lernen, ohne genau zu wissen, was man eigentlich lernen muss, ist als wenn man einen 400 Meter Lauf absolvieren muss und als Vorbereitung dazu Kugelstoßen macht.

Also trau dich und suche das Gespräch mit deinem Lehrer oder deiner Lehrerin und berichte ihm/ihr, dass du dich verbessern möchtest, dass du dir den XXL Erfolg als Ziel gesetzt hast und du nun von ihm/ihr wissen musst, was dir zum Erreichen des Zieles noch fehlt. Der Lehrer kennt dich am besten und kann dir deine Wissenslücken am besten beschreiben. Und nun beseitigen wir diese.

Schritt 4: Fülle deine Wissenslücken mit WWW

Wenn ich so an meine Jugendzeit zurück denke oder an die meiner Eltern, dann kann ich den Satz: „Früher war alles schwerer." eigentlich ganz gut nachvollziehen.
Vielleicht war der zu lernende Stoff noch nicht so umfangreich wie heute, aber wir hatten tatsächlich ein großes Problem: wenn wir etwas wissen wollten, mussten wir in die Bibliothek und uns aus Büchern das Wissen aneignen. Nun sagst du vielleicht, dass ihr heute ja auch noch Bücher habt. Das ist richtig und Bücher sind auch nach wie vor der wichtigste Lieferant für dein Wissen. Doch die Jugend von heute hat ein viel größeres und besseres Lernwerkzeug: das Internet, von mir auch gerne WWW (weltweites Wissen) genannt.

Mit Sicherheit hast du das Internet schon kennen gelernt. Du weißt auch, dass man aus Wikipedia ganze Referate raus kopieren kann (was aber vom Lehrer bemerkt und nicht gern gesehen wird).
Was machst du aber, wenn du ein Thema in der Schule (z.B. Mathe oder englische Grammatik) nicht verstanden hast und es für die Arbeit beherrschen musst?
Manche Dinge lassen sich eben nicht einfach raus kopieren oder auswendig lernen, es gibt (gerade in Mathematik) auch Themen, die man nachvollziehen muss und bei denen man gewisse Denkweisen und Lösungswege erlernen und anwenden muss.

Tja, die Denkweisen und Rechenwege, die stehen so nicht bei Wikipedia. Aber zum Glück ist das WWW ja größer, viel größer sogar. Es gibt nicht nur Wikipedia, es gibt noch zahlreiche andere Internetseiten.

Eine kleine Wissensquelle ist zum Beispiel die recht unbekannte Internetseite www.youtube.de

OK, das war ein Spaß!

Youtube sollte dir ein Begriff sein, es gehört schließlich neben Google und Wikipedia zu den größten Seiten im Netz. Wusstest du, dass es auf Youtube zwischenzeitlich mehr als 1 Milliarde Videos gibt? Wusstest du, dass nicht alle Videos Katzenbabys, Fails oder Justin Bieber enthalten? Es gibt auf Youtube neben den vielen lustigen Videos und den vielen Musikvideos auch noch solche, die man gut dafür nutzen kann, den Stoff in der Schule nochmal zu wiederholen und sich nochmal erklären zu lassen. Gib doch einfach einmal dein aktuelles Mathematik-Thema oder dein Englisch Grammatikthema ein. Du wirst sehen, dass du seitenweise Ergebnisse erhältst. Oftmals stehen Studenten oder Lehrer vor einem Whiteboard, einer Tafel, oder halten die Kamera auf ein Stück Papier und erklären dir in 5 bis 10 Minuten nochmal das von dir eingegebene Thema.

Als sehr gute und von mir oft genutzte Quellen haben sich die Kanäle *schoolseasy* (Mathe und Englisch), *beckuplearning* bzw. *Daniel Jung* (Mathe) und *The Simple Club* (Mathe, Physik, Chemie) herausgestellt. Für bestimmte Englischthemen ist auch der Kanal *bildunginteraktiv* zu empfehlen. Ansonsten kannst du auf Youtube auch auf zahlreiche und zum Teil im Unterricht verwendete Dokumentationen wie die Reihe Terra X (ZDF) und viele weitere zurückgreifen. Du findest also auch Videos für Erdkunde, Biologie oder Geschichte bei Youtube. Wie gesagt, das Portal ist das größte, das es gibt und das Potential ist fast grenzenlos. Wäre doch schade, wenn du es nicht nutzen würdest...

Gut, nachdem du dein Thema also bei Youtube gefunden und dir nochmal erklären lassen hast, willst du es natürlich auch üben. Auch dazu gibt es Internetseiten.

Die Seiten www.ego4u.de und www.englisch-hilfen.de bieten dir Übungsmöglichkeiten in der englischen Grammatik.

Auch die Seite www.unterricht.de bietet zahlreiche Übungen für Deutsch, Englisch und Mathe von Klasse 5 bis 13.

Ebenfalls interessant sind die Seiten www.englisch-lehrbuch.de und www.franzoesisch-lehrbuch.de, hier findest du z.B. ein Online Grammatikbuch.

Die Seite http://de.babla.com ist nicht nur ein gutes Online Wörterbuch, unter dem Punkt „Mehr von bab.la" findest du auch eine gute Überprüfungsmöglichkeit von Formulierungen und sogar ganze Phrasen, also Textbausteine, die du für englische oder französische Texte verwenden kannst. Gerade das Thema Phrasen wird von mir immer wieder gerne empfohlen, wenn man Sicherheit im eigenständigen Formulieren bekommen möchte. Phrasen sind Satzteile oder ganze Sätze, die man immer wieder verwenden kann. Meister im Verwenden von Phrasen sind unsere Politiker, die sagen ständig allgemeine Dinge, die sie immer wieder verwenden und kaum einem fällt es auf. Phrasen zu verwenden ist nicht verboten, sie helfen dir bei der Erstellung eines Textes.

Die Seite www.mathepower.com hat zahlreiche Mathematik-Themen, hier kannst du Aufgaben online lösen und siehst den Rechenweg.

Auf www.leifiphysik.de kannst du dir zahlreiche Physikthemen von Klasse 5 bis 13 nochmal anschauen und wiederholen.

Der Gymnasiallehrer Klaus Schenck hat auf seiner Seite www.klausschenck.de viele Informationen im Bereich Deutsch (Grammatik und Rechtschreibung) bis hin zu ausführlichen Beschreibungen und Materialien zu den Lektüren, die auch im Abitur geprüft werden.

Die Internetseite www.wissen.de ist eine gute Alternative zu Wikipedia. Dort findest du zahlreiche Artikel aus dem Bereich Allgemeinwissen, allerdings besser aufbereitet als die teilweise sehr trocken geschriebenen Wikipedia Artikel.

Ein kostenpflichtiges, aber auch gutes Portal ist www.sofatutor.de. Dort findest du sehr gut erarbeitete und von Lehrern geprüfte Lernvideos zu fast allen Fächern.

Und schließlich noch ein echter Geheimtipp von mir:
Ich habe herausgefunden, dass viele Lehrer die Seite www.4teachers.de nutzen. Das ist ein Forum von Lehrern für Lehrer. Hier findet man zahlreiche Übungsblätter zu allen Schulfächern und auch Klassenarbeiten werden dort von Lehrern hochgeladen (mit Lösungen). Die anderen Lehrer können das dann nutzen und downloaden. Man muss sich zwar anmelden, aber nicht unbedingt Lehrer sein. Bitte doch deine Eltern, sich dort zu registrieren, die Nutzung der Seite ist kostenlos.

Wenn du auf den zahlreich genannten Seiten nun immer noch nicht weiterkommst und dein Thema dort nicht findest, dann bleibt dir nur noch die größte und mächtigste Internetseite, die es gibt: Google.
Dort im Suchfeld eingegeben, findest du wirklich alles.
Du musst nur deine Suchbegriffe genau wählen. Je genauer du suchst, desto besser sind deine Treffer. Gibst du z.B. „Deutsch online lernen" oder „Deutsch online üben" ein, findest du die schon genannten Portale und noch weitere Seiten, die dir Online Übungen zur deutschen Grammatik liefern. Das kannst du mit allen anderen Fächern natürlich auch machen.

Du siehst also, es gibt für fast jedes Problem eine Lösung. Das Internet ist gigantisch und die Schüler von heute müssen nur lernen, wie man es nutzt. Hier gilt: Nicke nicht einfach beim Lesen dieses Textes und nimm ihn passiv zur Kenntnis, sondern nutze diese Informationen auch aktiv.
Am besten setzt du dich mal gezielt eine halbe Stunde an den Computer und versuchst mit Google selbst heraus zu finden, wo du die besten Infos für dein aktuelles Problemfach herbekommst.
Du weißt ja selbst aus eigener Erfahrung und aus dem Gespräch mit deinem Lehrer oder deiner Lehrerin, wo deine Wissenslücken sind, was du noch lernen musst und was für die nächste Arbeit auf dem Plan steht. Die dafür notwendige Hilfe findest du zu 90% im Netz!

Schritt 5: Wenn´s gar nicht klappen will, was dann ??

Wie jetzt ? Du bist immer noch nicht weiter gekommen? Das Internet hat nichts gebracht? Du hast dir das Youtube Video schon 10 Mal angeschaut, vor- und zurückgespult und hast es immer noch nicht verstanden? Die Online Übungen löst du auch falsch ?

Nun, dann bist du wohl ein schwerer Fall :-)
Aber keine Angst, auch das kommt vor, öfter sogar, als du meinst. Denk immer daran, dass du deinen XXL-Erfolg immer noch selbst beeinflussen kannst.

Wenn du mit dem Internet nicht zurecht gekommen bist, die Youtube-Videos dich nicht weiterbringen, dann kann das vielleicht daran liegen, dass die Macher der Videos deine Sprache nicht so richtig sprechen. Das bedeutet, dass sie das Thema zwar erklären, aber in einer Art, die du aus irgendwelchen Gründen immer noch nicht verstehst. Und so ein Computer ist eben auch nur eine Maschine, er gibt dir keine Antworten auf offene Fragen, die sich vielleicht während des Arbeitens stellen, er spielt das Video ab und fertig.

Was machst du also, wenn du immer noch offene Fragen hast?

Zwar kann in solchen Fällen der Klassenlehrer weiterhelfen, aber wer fragt schon gerne freiwillig nach, wenn er was nicht verstanden hat? Da kommt man sich ja gleich wieder dumm vor und hat Hemmungen, die eigenen Schwächen vor den Klassenkameraden zu offenbaren.

Und noch ein ganz anderes Problem gibt es während der Schule: Die Zeit des Lehrers ist begrenzt, er muss in 45 Minuten mit seinem Unterricht fertig sein und hat oft nicht die Zeit, offene Fragen zu beantworten.

Was also tust du, wenn du es immer noch nicht verstanden hast? Ganz einfach: du suchst jemanden, der es kann und der es dir nochmal erklärt und mit dir übt.

Das kann ein guter Klassenkamerad sein, effektiver ist aber die Arbeit mit einem professionellen Privatlehrer. Ich spreche bewusst nicht von Nachhilfe, denn das ist wieder so ein negativ behafteter Ausdruck. „Ich brauch Nachhilfe" bedeutet ja immer auch ein Eingeständnis. Man denkt, man ist zu dumm oder zu schwach, um es alleine zu schaffen.

Doch das ist ja oft nicht der Fall, wie dir die Geschichte mit meinem Schüler gezeigt hat. Du bist nicht zu dumm, es fehlt dir nur das Wissen und die Methode, wie du dein schulisches Problem löst.

Du brauchst für dein Problem einen eigenen, auf dich zugeschnittenen Masterplan und den berühmten AHA-Effekt. Wenn es einmal bei dir „klick" gemacht hat und du das Thema verstanden hast, kannst du mit Übungen deine Fähigkeiten verbessern und ganz automatisch wirst du bessere Noten schreiben.

Der Privatlehrer hilft dir dabei, den AHA-Effekt zu erleben. Er ist wie ein Assistent, der gemeinsam mit dir geduldig das Thema nochmal durchkaut und Schritt für Schritt erklärt.

Mein Tipp für den erfolgreichen Privatunterricht ist, dass deine Eltern und du bei der Auswahl des Lehrers genau auf die Qualifikationen des Lehrers achten solltet. Da gibt es große Unterschiede. Es gibt Nachhilfeangebote von verschiedenen, bundesweit agierenden Unternehmen, die recht günstig sind und wo du in kleinen Lerngruppen lernst. Diese Angebote sind zwar günstig, oftmals aber nicht sehr effektiv. Denn der Lehrer dort muss sich auf 4 bis 5 Leute gleichzeitig konzentrieren. Das bedeutet, du hast den Lehrer rechnerisch gesehen nur ein Viertel oder ein Fünftel der Unterrichtszeit für dich zur Verfügung.

Viel effektiver ist da ein Privatlehrer, der zu dir nach Hause kommt und in der 1:1 Situation mit dir in deiner gewohnten Lernumgebung zusammen lernt.

Nur er hat die volle Zeit und die volle Konzentration bei dir und deinem Problem. Diese Lehrer sind zwar erfahrungsgemäß etwas teurer als die Billigangebote der großen Anbieter, aber du hast hier wirklich mehr davon. Ein richtig guter Privatlehrer kostet monatlich zwischen 100 und 150 Euro. Das klingt nach viel Geld, aber es lohnt sich, du wirst den Lehrer ja nicht immer benötigen. Meistens hast du dich mit seiner Hilfe in 5-6 Monaten so weit entwickelt und so viel gelernt, dass du den Schulalltag wieder alleine schaffst.

Ein Privatlehrer hilft dir nicht nur, den fehlenden Stoff aufzuarbeiten, sondern er kann dir auch Lernmethoden beibringen, die sehr nützlich sein können. Er kann dich in Bereichen der Selbstorganisation, Selbstmotivation und im berühmten Fach „Lernen lernen" schulen. Unter „Lernen lernen" versteht man das Erlernen verschiedener Lernmethoden. So gibt es im Bereich Vokabel-Lernen zahlreiche verschiedene Möglichkeiten, wie man die Vokabeln lernt. Der Privatlehrer sollte einige davon kennen und mit dir zusammen erarbeiten, welche der Methoden am besten für dich passt.
Gute Privatlehrer sind also nicht nur für die reine Wissensvermittlung da, sie erarbeiten auch gemeinsam mit dir die Ursachen der Lernschwierigkeiten und beseitigen diese gemeinsam mit dir. Sie sind Ansprechpartner für deine Probleme und Sorgen und helfen dir, den XXL Erfolg wieder zu erreichen.

Schritt 6: Dranbleiben !!

So langsam kommen wir ans Ende meines kleinen Ratgebers. Ich hoffe, er war bis jetzt verständlich für dich und du hast das eine oder andere mitgenommen und dir notiert.

Zum Schluss komme ich noch auf ein wichtiges Erfolgsgesetz zu sprechen. Egal, was du in deinem Leben tun wirst, egal, welches Ziel du verfolgst, das wichtigste Gesetz ist ZIELSTREBIGKEIT.

Diese Eigenschaft solltest du dir aneignen, sie wird dich durch dein ganzes Leben tragen.
Du erinnerst dich, die erste Methode zum XXL-Erfolg ist das NIPSILD, das suchen nach Lösungen. Eine weitere ist die richtige Zielsetzung, beginnend mit der positiven Formulierung deines gesetzten Zieles. Dann kommt der Plan, den man erstellen muss, damit man genau weiß, was man zu tun hat, um das Ziel zu erreichen. Dadurch erhält man die richtige Portion an Motivation. Wenn man sein Ziel formuliert hat und weiß, wie man es erreichen kann, hat man seinen Beweggrund gefunden. Alles ergibt auf einmal Sinn und man dreht sich nicht mehr im Kreis, sondern weiß genau, in welche Richtung man laufen muss.

Jetzt gilt es nur noch, das Ziel zu erreichen.

Das kann je nach Lage der Situation recht einfach sein, im besten Fall findest du mit meinen Tipps zum WWW deine passende Lernmethode. Vielleicht ist dort schon genau das dabei, was du gebraucht hast. Vielleicht brauchst du aber doch einen guten Privatlehrer. Den muss man erst einmal finden und die Eltern müssen das auch bezahlen können.

Du merkst, das Ziel kann nah sein, aber auch fern. Es kann für dich ein Leichtes werden, das Ziel zu erreichen, es kann aber auch ein längerer und härterer Weg werden, als du vielleicht im ersten Moment gedacht hast.

Und darum gebe ich dir den einen wichtigen Rat: Streiche das Wort „Aufgeben" aus deinem Wortschatz. Verliere dein Ziel nie aus den Augen, schreibe es dir wirklich auf und hänge es an einen Platz, wo du es jeden Tag siehst. So wirst du automatisch immer daran erinnert, was dein Ziel ist.

Sorge für eine straffe Organisation, damit du nicht stehen bleibst.

Auch zum Thema Zielstrebigkeit möchte ich dir eine kleine Geschichte erzählen, die dir verdeutlichen kann, wie wichtig diese Eigenschaft ist:

Ein Mann hörte Ende des 19. Jahrhunderts, dass in Alaska Gold gefunden wurde. Vom berühmten Goldrausch hast du vielleicht schon einmal gehört. Der Mann wanderte, wie so viele Menschen auch, nach Alaska. Er kaufte sich die Ausrüstung, die er zum Goldgraben brauchte, er las Fachliteratur zum Thema (was es eben bis dahin so gab) und machte sich darüber kundig, wo am besten Gold zu finden sei. Nach einiger Zeit hatte er eine vielversprechende Stelle gefunden und steckte sie ab. Das nannte man „Claim". Er fing an, einen Stollen zu graben und nach Gold zu schürfen. Er schürfte und schürfte. Tagelang, wochenlang. Nach 3 Monaten hatte er sich schon 220 Meter tief in den Berg gegraben und immer noch kein einziges Goldnugget gefunden. Er war inzwischen finanziell am Ende, körperlich erschöpft, müde und hungrig. Enttäuscht brach er sein Vorhaben ab und verkaufte seinen Stollen für 50 Dollar an einen anderen Goldsucher.

Dieser grub den Stollen weiter. Schon nach wenigen Tagen kam er jauchzend und strahlend aus dem Stollen. Nach nur 2 weiteren Metern hatte er eine riesige Goldader gefunden. Er war ein gemachter Mann und hatte mit den 50 Dollar die wohl beste Investition seines Lebens gemacht.

Der Mann, der den Stollen gegraben hatte, hörte vom Glück des anderen. Beschämt und auf sich selbst wütend verließ er Alaska und kehrte nie wieder zurück.

Du siehst anhand dieser kleinen Geschichte, dass es hier ein großer Fehler war, aufzugeben.

Das Gold war da, der Mann hatte mit seinen Forschungen genau das Richtige gemacht und genau die richtige Stelle zum Graben ausgesucht. Nur war der Weg weiter, als er gedacht hatte und er hat 2 Meter vor seinem Ziel aufgegeben. Was diesem Mann gefehlt hat, war der Glaube an sich und sein Werk. Wenn er sich gesagt hätte: „Ich weiß, dass das Gold hier ist, es deutet alles darauf hin und ich hab alles genau erforscht", dann hätte er nicht aufgegeben.

Wenn du also weißt, dass du auf dem richtigen Weg bist, dann gelten auch für dich die berühmten Worte: NIE AUFGEBEN !!

Ich wünsche mir, dass du diesen Ratschlag beherzigst und nach Möglichkeit so oft anwendest, wie es nur geht. Du hast den XXL Erfolg in der Schule in deiner Hand.

Du kannst es schaffen, wenn du dir darüber im Klaren bist, woran es bis jetzt gelegen hat, dass die Noten nicht so gut sind wie erhofft, wenn du dann ein klares Ziel formulierst, dein Selbstvertrauen zurück gewinnst und mit Power und Motivation in Richtung deines Zieles marschierst und nicht anhältst.

Wie ein Marathon-Läufer musst du auch beim Lernen eine gute Kondition haben, du musst dich täglich neu motivieren und selbstbewusst und diszipliniert so lange arbeiten, bis das Ziel erreicht wurde.

Erstelle dir einen genauen Stundenplan in dem steht, was du wann tust. Richte dir feste Lernzeiten ein, in denen du für dein Ziel arbeitest. Beschränke dein Lernen nicht nur auf die Hausaufgaben, sondern nutze täglich 20 bis 30 Minuten zusätzlich dazu, die Fächer des nächsten Tages vorzubereiten.

Wenn du also am nächsten Tag Mathe hast, aber keine Hausaufgaben, so solltest du trotzdem etwa 15 Minuten lang die zuletzt behandelten Buchseiten aufschlagen und das aktuelle Thema im Internet googeln und wiederholen. Das gleiche machst du auch mit den anderen Hauptfächern, in denen du den XXL Erfolg erzielen willst oder musst. Bei 3 Hauptfächern sind das ca. 45 Minuten an zusätzlicher Arbeitszeit. Ich denke, das ist doch machbar, oder ?

Da das Zeitmanagement, also ein klarer Stundenplan eines der wichtigsten Werkzeuge zur Selbstdisziplin und Selbstorganisation ist, zeige ich dir mal an einem Beispiel, wie ich mir das vorstelle:

Zeit	Mo.	Die.	Mi.	Do.	Fr.	Sa.
08:00	Schule	Schule	Schule	Schule	Schule	
10:00	Schule	Schule	Schule	Schule	Schule	Lernstunde
12:00	Schule	Schule	Schule	Schule	Schule	Mittagessen
14:00	Mittagessen	Mittagessen	Mittagessen	Mittagessen	Mittagessen	Freizeit
15:00	Hausaufgab.	Hausaufgaben	Hausaufgaben	Hausaufgaben	Hausaufgaben	Lernstunde
16:00	Freizeit	Freizeit	Freizeit	Freizeit	Freizeit	Freizeit
17:00	Freizeit	Lernstunde	Freizeit	Lernstunde	Freizeit	Lernstunde
18:00	Lernstunde	Freizeit	Lernstunde	Freizeit	Lernstunde	Freizeit
19:00	Abendessen	Abendessen	Abendessen	Abendessen	Abendessen	Abendessen
20:00						

Die Zeiten kannst du natürlich auch anders legen, wie ich in diesem Beispiel. Sicher hast du auch noch Sporttraining oder Nachmittagsunterricht oder andere Termine. Aber so eine Lernstunde, in der du nur den aktuellen Stoff deiner Problemfächer wiederholst und Übungen im Netz machst, solltest du immer wieder in deinem Tagesablauf einbauen.

Auch der Samstag als freier Tag bietet sich an, mehrere kleine Lerneinheiten unter zu bringen.

Gehe dabei immer in Intervallen vor, denn 2 Stunden am Stück kann sich niemand konzentrieren.

Beim Lernen gilt: Mache lieber eine 25 Minuten Einheit, in der du intensiv lernst (bitte keine Ablenkungen), dann mache 15 Minuten Pause und mach nochmal 20 Minuten intensive Lernarbeit.

So hast du von 60 Minuten effektiv 45 Minuten gelernt. In den Ferien oder am Samstag kannst du nach der Lernstunde eine Stunde Pause machen, dich entspannen oder was anderes machen. Dann wiederholst du das Ganze. Du wirst sehen, dass 2 kurze, aber intensive Einheiten mehr bringen, als wenn du stundenlang da sitzt und die meiste Zeit davon nicht weißt, was du machen sollst. Das führt dazu, dass du eher die Zeit totschlägst und du wirst automatisch sehr bald sehr müde und erschöpft.

Also lockere die Arbeitsphasen mit kurzen Pausen auf, in denen du dann Mails oder Handy checken kannst, ein kurzes Game spielst, oder einfach bei etwas Musik chillst. Du kannst auch eine Kleinigkeit essen oder was trinken.

In diesen kurzen Pausen (bitte immer Handy-Alarm bzw. Wecker stellen) tankst du dann Kraft für die nächsten 20 Minuten, in denen du intensiv lernst und nichts anderes tust. Das ist wie Workout.

Die Aufgabe ist nun, dir deinen eigenen Stundenplan zu erstellen und dann streng danach zu arbeiten. Das Lernen ist wie ein Sporttraining, du trainierst hier dein Köpfchen.
Und wie beim Sporttraining gilt auch beim Lernen: Wenn du mitten drin aufhörst, die Zeiten verkürzt, oder tagelang nichts tust, dann vermindert es den Trainingserfolg, deinen persönlichen XXL Erfolg in der Schule.

Denke immer daran, du hast es in der Hand, du bist verantwortlich für deinen persönlichen Erfolg und wenn du das Ziel und die Motivation hast, dann schaffst du es auch.
Es gibt ein geflügeltes Wort unter den Erfolgstrainern:

Wenn du es dir vorstellen kannst,
dann kannst du es auch erreichen.

Ich wünsche dir bei deinem Lernen den XXL Erfolg !

Herzlichst

Oliver Beck